UNA MANO a la PATA

TIME
FOR KIDS

Protegiendo los
animales

T0136512

Jessica Cohn

Consultores

Dr. Timothy Rasinski
Kent State University

Lori Oczkus
Consultora de alfabetización

Thorsten Pape
Entrenador de animales y
conductista

Basado en textos extraídos de
TIME For Kids. *TIME For Kids* y el logotipo
de *TIME For Kids* son marcas registradas
de TIME Inc. Utilizados bajo licencia.

Créditos de publicación

Dona Herweck Rice, *Jefa de redacción*
Conni Medina, *Directora editorial*
Lee Aucoin, *Directora creativa*
Jamey Acosta, *Editora principa*
Lexa Hoang, *Diseñadora*
Stephanie Reid, *Editora de fotografía*
Rane Anderson, *Autora colaboradora*
Rachelle Cracchiolo, *M.S.Ed., Editora
comercial*

Créditos de imágenes: tapa, pág.1
Photo Researchers, Inc.; págs.15 (abajo),
26 (derecha), 37, 41 Alamy; pág.39 (abajo)
AFP/Getty Images/Newscom; pág.29
(abajo izquierda) akg-images/Newscom;
pág.33 (arriba) Alison Wright Photography/
Newscom; pág.39 (arriba) Danita Delimont/
Newscom; pág.29 (arriba) EPA/Newscom;
pág. 29 (abajo derecha) Frances M. Roberts/
Newscom; pág.34 Photoshot/Newscom;
págs.20, 31 (abajo) REUTERS/Newscom;
pág.21 (abajo) Roll Call Photos/Newscom;
pág.36 Zero Creatives Cultura/Newscom;
págs.23, 35 (arriba), 45, 48 ZUMA Press/
Newscom; pág.9 Blair Hedges/PENN State;
pág.32 Associated Press; págs.6–7 Timothy
J. Bradley; pág.14 U.S. Navy; todas las demás
imágenes de Shutterstock.

Teacher Created Materials

5301 Oceanus Drive
Huntington Beach, CA 92649-1030
http://www.tcmpub.com

ISBN 978-1-4333-7100-4
© 2013 Teacher Created Materials, Inc.
Printed in China
Nordica.082019.CA21901021

Tabla de contenido

Aplauso a los animales

Los animales viven en todos los rincones de la Tierra. Insectos, mamíferos, reptiles, aves y peces vienen en todos los colores y tamaños que te puedas imaginar. Ellos cazan, se aparean, y construyen sus hogares alrededor del mundo.

Los animales salvajes han fascinado a la gente por miles de años. Su fuerza y su belleza nos han inspirado y asombrado. Su carne ha sido nuestra comida. Su piel nos ha dado calor. Se usaron los huesos de animales incluso para hacer algunas de las primeras herramientas inventadas por el ser humano.

Los animales **domésticos** viven en granjas. Ayudan a arrear las ovejas, producir leche y hacer **fertilizante**. Los animales domésticos también pueden ser nuestras mascotas. Los gatos, los perros, las iguanas y hasta los ratones pueden ser mascotas. Los animales que traemos a nuestros hogares pueden reconfortarnos y cuidarnos. Y nosotros los cuidamos a ellos.

Todos, los animales domésticos y los salvajes, cumplen un rol en nuestro mundo. Los seres humanos también somos animales. Pero a diferencia de la mayoría de ellos, podemos pensar y elegir. Podemos proteger y cuidar a otros animales.

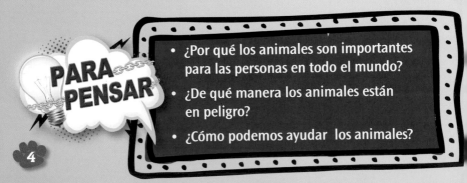

PARA PENSAR

- ¿Por qué los animales son importantes para las personas en todo el mundo?
- ¿De qué manera los animales están en peligro?
- ¿Cómo podemos ayudar los animales?

Los animales pueden ser nuestros mejores amigos o nuestros depredadores más feroces, pero todos necesitan nuestra protección.

En estado salvaje

Hay una variedad salvaje de animales en la Tierra. Conoces a la jirafa de cuello largo y a las duras espinas del puercoespín. Sin embargo, hay muchas otras criaturas extrañas que estamos descubriendo. En África, existe una araña que hace su tela ¡más fuerte que un chaleco antibalas! En el Golfo de México, los **biólogos** encontraron un pez extraño que camina sobre sus aletas. Los científicos lo llaman el pez murciélago panqueque.

La energía fluye por todo el ecosistema en forma de comida.

Cada animal salvaje cumple un rol importante en nuestro **medio ambiente**. Los animales más grandes se comen a los más pequeños. Algunos animales comen plantas. Esto ayuda a desparramar las semillas. Todos los animales de un **ecosistema** están conectados. Agregar o quitar un solo animal puede destruir el equilibrio.

Incluso los animales más pequeños son importantes.

Los depredadores más grandes incorporan energía del ecosistema de muchas maneras.

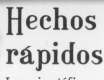

¡MÁS EN PROFUNDIDAD!

Hechos rápidos

Los científicos descubren nuevas **especies** todas las semanas. Calculan que aún quedan millones de animales por descubrir. Fíjate en algunos de los animales más extremos encontrados hasta el momento.

Extremadamente rápidos

El guepardo es el animal más rápido sobre la faz de la tierra. Al calor de la cacería, puede correr hasta 68 millas por hora. ¡Es la misma velocidad de un auto en una autopista!

Extremadamente grandes

Hasta donde sabemos, la ballena azul es el animal más grande que jamás haya vivido. Puede pesar alrededor de 150 toneladas, similar al peso de una locomotora.

WOW

Extremadamente extraños

El dragón de mar foliado es pariente del caballito de mar. Vive en las aguas del sur de Australia. Es difícil de ver porque parece un alga flotante.

Extremadamente pequeños

La serpiente más pequeña del mundo se encuentra en la isla de Barbados. Es delgada como un espagueti y mide solo cuatro pulgadas de largo aproximadamente.

1″

Extremadamente coloridos

Las plumas de la cola de los pavos reales tienen un hermoso color azul iridiscente. Ellos las muestran para atraer a las hembras.

El animal

Los científicos quieren saber si los animales piensan como nosotros. Estudian cómo los animales se comunican entre ellos. Intentan saber si los animales tienen emociones.

Mucha gente se pregunta qué tan inteligentes son los animales.

Para averiguarlo, los científicos miran lo que hacen los animales. Muchos animales tienen llamados especiales. Anuncian el peligro de los depredadores. Los animales que escuchan estos llamados saben estar alerta. Algunos dicen que esto demuestra que usan un idioma de manera similar a los seres humanos.

chimpancé

Algunos animales también pueden hacer **expresiones** faciales. Los perros gruñen y muestran los dientes. Esto significa que están enojados. Los bebés chimpancés se parecen y suenan como si fuesen bebés humanos. Su belleza atrae ayuda de la misma manera. Los chimpancés gritan para decirles a los otros que están enojados. También usan **gestos** para comunicarse. Algunos chimpancés incluso han aprendido el lenguaje de señas de los humanos.

mirlo de alas rojas

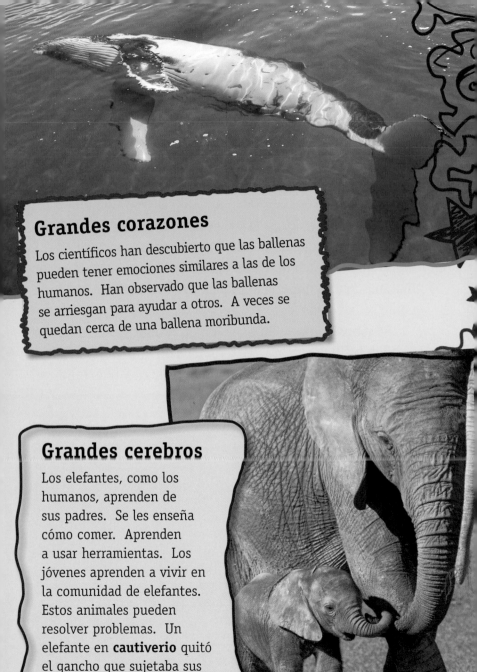

Grandes corazones

Los científicos han descubierto que las ballenas pueden tener emociones similares a las de los humanos. Han observado que las ballenas se arriesgan para ayudar a otros. A veces se quedan cerca de una ballena moribunda.

Grandes cerebros

Los elefantes, como los humanos, aprenden de sus padres. Se les enseña cómo comer. Aprenden a usar herramientas. Los jóvenes aprenden a vivir en la comunidad de elefantes. Estos animales pueden resolver problemas. Un elefante en **cautiverio** quitó el gancho que sujetaba sus cadenas. Luego ayudó a otros elefantes a quitarse los suyos.

Compañía

Todo aquel que tiene una mascota sabe exactamente lo inteligentes y cariñosos que pueden ser los animales. Más de la mitad de los hogares estadounidenses tienen animales de **compañía**. Los animales pueden ser grandes amigos. Los niños aprenden a ser responsables cuando los cuidan. La gente que tiene mascota a menudo es más tranquila. Disfruta de un mejor estado de salud. Aquellos que tienen un perro hacen ejercicio cuando los sacan a pasear. Los que viven solos sienten que alguien los necesita cuando adoptan una mascota. Vivir con animales también ayuda a que la gente se lleve bien con otras personas.

Muchos perros y gatos viven en refugios. Esperan que alguien los lleve a casa. Si ayudas a un animal, te ayudas a ti mismo. Puedes vivir una vida más larga y más feliz.

Las 10 mejores mascotas

¿Cuáles son las mejores mascotas en Estados Unidos? Esta es una clasificación reciente. Cada año, los números cambian un poco.

1 perros

2 gatos

3 aves

4 peces

5 caballos

Cuidado especial

Algunas personas dicen que no existe tal cosa como ser dueño de un animal. Más bien, una persona es el guardián de un animal. Esta diferencia es para recordar que los animales no son objetos. Los animales tienen sus propias necesidades.

 conejos

La gente ha tenido perros como mascotas por 14,000 años aproximadamente.

  hámsters

tortugas

 conejillos de la India

 jerbos

Los animales hacen mucho más que simplemente confortarnos. Pueden ser entrenados para ayudar a la gente a vivir y a trabajar. Los perros son **animales de servicio** populares. Cada año, se entrenan cientos de perros para ayudar a la gente ciega. Los ayudan a sentirse seguros y guiarse en lugares nuevos. Los monos, los cerdos y los caballos pequeños han sido entrenados como animales de servicio. Los loros y las cabras también han sido utilizados. Estos animales pueden recoger objetos que son difíciles de alcanzar o pueden ayudar a cuidar a alguien que está lastimado. En los hospitales se usan otros animales para alegrar a los pacientes que están solos y enfermos.

Hay una gran variedad de **animales trabajadores**. Estos animales realizan tareas que son difíciles de realizar para las personas. Algunos perros arrean ovejas. Otros son perros de búsqueda y rescate. La policía utiliza perros que rastrean olores para encontrar gente. Los caballos y las mulas pueden jalar carros. El ejército usa a los delfines y a los leones marinos para realizar búsquedas en el agua. Se han entrenado palomas para llevar mensajes a 500 millas. De muchas maneras, los animales hacen que nuestra vida sea más fácil.

Los delfines entrenan con el ejército.

Las mulas se utilizan para cosechar el trigo.

Amor cachorro

Puedes ayudar a entrenar a un animal de servicio. Los cachorros se ubican en casas para que aprendan a comportarse desde temprana edad. Cuando se entrenan para obedecer órdenes, se ubican en una nueva casa. Allí, aprenden destrezas más avanzadas. Puedes ofrecerte como **voluntario** para cuidar a uno de estos perros. Necesitas regalarlo cuando ya está entrenado. Pero sabrás que va a una casa donde lo amarán y lo apreciarán.

Preocupaciones de las criaturas

Los animales nos sorprenden y nos inspiran. Sin embargo, enfrentan muchos desafíos. Algunos animales fueron criados para vivir con gente. Los perros y las ovejas fueron algunos de los primeros animales en ser domesticados. Dependen de la gente. Nos necesitan para que les proporcionemos comida y refugio. Sin embargo, algunos dueños pueden no saber cómo cuidarlos. Los dueños pueden alimentarlos de manera incorrecta. En algunos casos, el dueño puede maltratar a los animales. Los dueños pueden cansarse de sus mascotas. A veces, los dejan en la calle. Algunos animales sin hogar no saben cómo encontrar comida por sus propios medios. Por lo tanto, pasan hambre.

Los animales salvajes son diferentes. Siempre vivieron en la naturaleza. Saben cómo encontrar su propia comida y su refugio. Pero en el mundo actual, esto no siempre es fácil. Mientras construimos nuestras ciudades, la gente destruye muchos **hábitats** animales. Los cazadores mataron muchos animales salvajes. A veces la gente contamina el agua y la comida. Esto ha puesto **en peligro de extinción** a muchos animales. Otros, se han **extinguido**.

Los gatos abandonados se ven forzados a buscar comida en la basura.

un águila calva en su nido

Los científicos calculan que el 22 por ciento de todas las especies se extinguirán para el año 2022 si no hacemos algo para salvar a estos animales.

Las ovejas dependen de sus dueños para alimentarse y tener refugio.

Brindando refugio

SPCA son las siglas en inglés de la Sociedad para la Prevención de la Crueldad hacia los Animales. Esta organización trabaja para la seguridad y salud de los animales en todo Estados Unidos. Conozcan a Alice Shanahan, directora de una de las oficinas de SPCA en Nueva York.

Jessica: ¿Cómo pueden ayudar los niños a la SPCA a proteger a los animales?

Alice: Muchas escuelas formaron clubes de mascotas. [Ellos] llevan a cabo proyectos para el beneficio de los animales del refugio. La escuela y los grupos de exploradores visitan los refugios con regularidad. A menudo hornean galletas para perros o hacen juguetes para gatos y los venden [para recaudar dinero para nosotros].

Jessica: ¿Y qué de trabajar con animales?

Alice: Los niños ayudan ofreciendo **TAC** a todos los cachorros. [Ellos] ayudan a limpiarlos y a alimentarlos.

Jessica: ¿Por qué es importante esto?

Alice: El trabajo es muy importante para ambos, para los niños y para el refugio. [Los niños] aprenden a devolverles algo a los animales y a su comunidad. [Se ayuda a los] animales [con la recaudación de fondos] y su compañía. Y los panfletos que ellos hacen ayudan a nuestros animales a encontrar un hogar.

Galletas para perros caseras

Puedes vender galletas para recaudar dinero para tu refugio local. Solo sigue los pasos de esta fácil receta. ¡Estos bocados son realmente dignos de un ladrido!

 Precalentar el horno a 350 °F. Mezclar la harina con la avena.

Ingredientes

- 2 tazas de harina integral de trigo
- 1 taza de copos de avena
- $\frac{1}{3}$ taza de manteca de maní
- $1\frac{1}{4}$ tazas de agua caliente

 Añadir la manteca de maní y el agua caliente. Si la mezcla queda muy pegajosa, puedes agregar más harina.

Amasar la pasta y estirarla con rodillo (con un grosor aproximado de $\frac{1}{4}$ pulgadas).

Utilizar un cortador de galletas que tenga la forma de un hueso para cortar la masa en varias piezas.

Enmantecar ligeramente una placa para galletas y hornear durante 40 minutos a 350 °F. Dejar enfriar toda la noche.

19

Para las aves

A medida que el mundo cambia, los animales salvajes deben encontrar nuevas formas de supervivencia. Los humanos pueden ayudar. En el 2011, millones de galones de petróleo se derramaron en la costa de Nueva Zelanda. El petróleo cubrió las plumas de los pingüinos en el agua. Cuando las aves intentaban quitarse el petróleo, lo ingerían y se enfermaban. Las plumas especiales que mantenían la temperatura de su cuerpo estaban dañadas. Cada pingüino tuvo que ser limpiado a mano. El pedido de auxilio llegó a todo el mundo. La gente comenzó a tejer suéteres para las aves. De esta manera los mantenían abrigados mientras esperaban el momento del baño. También se evitaba que tragaran el petróleo.

Muchos proyectos de rescate necesitan ayuda práctica. Los refugios locales necesitan gente que juegue con los animales que esperan ser **adoptados**. Incluso los niños pequeños pueden ayudar con eso.

Un pingüino rescatado usa un suéter para mantenerse abrigado luego de un derrame de petróleo.

Diluvio de voluntarios

Cuando el huracán Katrina golpeó la costa del Golfo en el 2005, Nueva Orleans se inundó de agua sucia. Alrededor de 250,000 mascotas se quedaron sin hogar. Algunas fueron encontradas sobre los techos, otras fueron atrapadas adentro. Los voluntarios se reunieron para llevar a cabo uno de los rescates de animales más grandes de la historia.

un perro varado en una casa en ruinas en Nueva Orleans

Los voluntarios limpian una gaviota luego de un derrame de petróleo en el Golfo de México.

Protección de patas

El **abuso** animal es un problema terrible. Cada año, miles de animales son golpeados. Se obliga a los perros a pelear y matar a otros perros. Las formas más comunes de abuso son el **descuido** y el **abandono**. Simplemente, los animales no son cuidados de manera adecuada.

Los signos de descuido incluyen heridas y otros problemas en la piel. El animal puede verse confundido, muy soñoliento y caminar como si estuviese herido. Estos pueden ser signos que indiquen que el dueño necesita ayuda o puede significar que los animales necesitan ser rescatados. Si ves a un animal así, repórtalo a la SPCA.

Los perros son los animales que comúnmente sufren más abusos en Estados Unidos. Este fue rescatado de un cuadrilátero de perros que peleaban.

Una cola valiente

La bondad, no el abuso, es la mejor manera de entrenar a los animales. Faith era un perro que nació con tres patas. Dos traseras y una delantera. La delantera nunca creció y se la tuvieron que cortar. Sus guardianes le enseñaron a caminar en dos patas. La recompensa era manteca de maní.

Por los números

Los dinosaurios vivieron hace mucho tiempo. Pero ahora, todo lo que queda son sus huesos gigantes. Lamentablemente, algunas especies desaparecieron. Se extinguieron por muchas razones. A veces, los animales no pueden encontrar comida. Por esta razón, no pueden sobrevivir. Otras especies son cazadas hasta que se extinguen.

La Ley de Especies en Peligro de Extinción fue aprobada por el Congreso de Estados Unidos en 1973. Protege a animales y plantas en peligro de extinción. También protege a seres vivos que se ven **amenazados**. Estas son especies que se encuentran cerca de estar en peligro de extinción. Mucha gente trabaja muy duro para asegurar la protección de estos animales. Sin embargo, ellos necesitan más ayuda.

En todo el mundo, una de cada ocho aves se encuentra en peligro de extinción.

Monerías

Existen más de 250 especies de monos. La mitad se encuentra bajo amenaza. Algunos son cazados por su carne en África. Algunas personas preocupadas encontraron la manera de criar a estos monos en áreas protegidas. Ellos esperan que esto salve a estas raras criaturas.

un mono probóscide raro

Ayudando a los que son cazados

Algunos animales se encuentran en peligro de extinción. Sin embargo, la gente aún compra productos que se hacen con ellos. Escribirles a los funcionarios es una manera de detener esto. Los acuerdos entre gobiernos pueden hacer que sea más difícil cazar animales.

un tamarino león dorado con su bebé

Llevando la cuenta

Los animales de todo el mundo necesitan nuestra ayuda. Los que se encuentran aquí pueden ser los que más la necesitan. Sus números son críticamente bajos. Pero con tiempo, dinero y voces firmes, podremos salvar a estas especies en peligro de extinción. Observa la información de abajo para ver cuántas son las que quedan.

25–35
leopardo de Amur
lejano este de Rusia
y noreste de China

40–60
**rinoceronte
de Java**
Indonesia

1,600
panda
gigante
China

500
águila filipina
Filipinas

720
gorila de la
montaña
África

En nuestras manos

Los animales hacen que nuestro mundo sea mucho mejor por diferentes motivos. Ahora ellos necesitan nuestra ayuda. Ellos enfrentan el abuso. Algunos están en peligro de extinción. La vida se está volviendo muy dura para muchas criaturas. Pero los animales no tienen voz. Por eso, debemos alzar nuestra voz todos juntos para hablar por ellos.

Hay muchos grupos que defienden los derechos de los animales y hablan en contra de aquellos que los maltratan. Estos **activistas** quieren leyes que protejan a los animales. Muchos activistas que defienden los derechos de los animales no compran ni usan abrigos de piel. Algunos no comen animales. Muchos activistas están en contra de la utilización de los animales para realizar experimentos científicos. Ellos creen que estas prácticas hacen sufrir a los animales. Los activistas dicen que no estamos mostrando respeto por los animales y por sus vidas.

Hay muchos grupos que ayudan a proteger la vida salvaje. *The World Wildlife Fund (WWF)* trabaja en los países más pobres. Evita la **caza furtiva**. El grupo ayuda a que los países se unan para patrullar los bosques. Las patrullas protegen la vida silvestre para que los cazadores furtivos no la roben o la maten. Algunos salvaron a animales bebés que serían robados y vendidos a circos o zoológicos. La *WWF* también ayuda a proteger el hábitat de los animales de la **contaminación**.

PROTECT TIGERS

Los alumnos se reúnen para pedirles a los funcionarios que protejan a los tigres.

Los activistas trabajan para proteger a los animales de experimentos dolorosos.

Without your voice the torture will continue

Animals in Labs Need Your Help

In Defense of Animals •

"La grandeza de una nación y su progreso moral pueden ser juzgados por la manera en que sus animales son tratados".
—Mohandas Gandhi

Protectores de hogares

El movimiento **conservacionista** se originó hace 40 años. Comenzó para evitar que se mate a los animales más raros. Ahora, los activistas cuidan también los lugares donde viven estos animales. Nuevas leyes protegen las áreas donde los animales raros construyen sus casas y cazan. Puedes apoyar a un grupo conservacionista con dinero o con tiempo.

Mucho bullicio

Los leones y otros felinos grandes ahora son poco comunes en su hábitat natural. Los conservacionistas están tratando de extender el terreno entre las reservas naturales en África. Esto les permitiría a los leones aparearse más fácilmente y tener familias.

El 2022 es el Año del Tigre en China. Algunas personas esperan que se duplique la cantidad de tigres en estado salvaje para esa fecha.

To more than **DOUBLE** **TIGER** population (6,400 in 2022)

Dinero en el banco

En épocas difíciles, la gente tiene problemas para alimentar a su familia. A veces, también necesitan comida para sus mascotas. Una forma de ayudar es dar comida a un banco de comida para animales. Puedes juntar comida o recaudar dinero para comprarla.

Dar dinero es otra manera de ayudar. Algunos recaudan dinero para ayudar a los animales salvajes. Otros envían dinero a granjas o zoológicos. Algunos programas hacen hincapié en un solo tipo de animales, por ejemplo las ballenas. También puedes "adoptar" a un animal salvaje. Puedes ayudar a pagar su comida o su hogar. Es una manera especial de conectarse con los animales.

juntando comida para perros

Compras inteligentes

Aun si no donas dinero a una **obra de caridad** para animales, puedes utilizar tu dinero para ayudar a los animales. Cuando compres algo, busca el logo del *Leaping Bunny* (conejo saltarín). Eso significa que no se lastimó a ningún animal al hacerlo.

Otras maneras de ayudar

Los bancos de alimentos juntan donaciones de comida para perros y gatos. Sin embargo, hay muchos otros elementos que ellos aceptan para ayudar a familias que lo necesitan. Aquí se mencionan algunos:

- medicina para las pulgas
- juguetes para perros y gatos
- camas para mascotas
- piedras sanitarias

El zorro ártico está protegido por la *World Wildlife Fund*.

Amigos de una pluma

Hay muchas maneras de **donar** tiempo o dinero para ayudar a los animales. Es más divertido cuando te organizas con tus amigos para trabajar juntos. Observa las ideas que aparecen a continuación e intenta la que más te guste.

Paseo de perros

Traza un mapa de ruta corto alrededor de tu barrio. Fija panfletos acerca de tu evento con dos semanas de anticipación. Permite que la gente ingrese a tu evento por medio de una donación de comida para animales, regalos, camas y juguetes. El primer perro que termine la caminata ganará una parte de las donaciones. El remanente de las entradas puede ser donado a un refugio local de animales.

El mejor del espectáculo

¿Por qué no recaudar dinero para los animales trabajando con el mejor amigo del hombre? Organiza un espectáculo de perros con tus vecinos. Invita a tus vecinos a que lleven a sus perros al concurso y paguen una entrada. Otorga premios simples al perro más peludo, al perro más alto y al que mueva mejor la cola. Dona el dinero que recaudes al refugio local.

La mascota más graciosa de la escuela

Invita a tus compañeros de clase a participar en el concurso de la mascota más graciosa de la escuela. Los alumnos pueden presentar videos de sus mascotas desde su casa o desde su clase. El video tiene que mostrar qué tan graciosa es la mascota. Para participar, los alumnos donan comida para animales, regalos, camas y juguetes. Observa los videos detenidamente y selecciona los 10 mejores. Luego, los alumnos votarán por el video más gracioso. Dona los elementos para animales a una organización.

Ciudadano científico

Otra manera de ayudar a los animales es estudiándolos. Los científicos observan el comportamiento de los animales. Estudian qué es lo que los animales necesitan para sobrevivir. Los científicos jóvenes pueden contar animales. Eso es algo simple de hacer y puede mostrar si se produjeron cambios con el tiempo. Los científicos también informan acerca de la existencia de animales nuevos en el área o de comportamientos extraños. Mientras más sepamos acerca de los animales, podremos encontrar más maneras de ayudarlos.

Proyecto Noah

Los científicos de todo el mundo trabajan en conjunto para estudiar a los animales. Puedes ayudar tomando fotografías de los animales de tu barrio. Luego, comparte en línea lo que encontraste con otros amantes de la naturaleza. Los científicos utilizan las fotografías para observar y comparar animales de todo el mundo. Regístrate en *ProjectNoah.org* para saber más al respecto.

Mariquitas perdidas

Algunos tipos de mariquitas están desapareciendo en el país. Los científicos no saben por qué sucede esto, pero quieren averiguarlo. Cada vez que encuentres una mariquita, tómale una fotografía. Luego, súbela a *LostLadybug.org*. Si no encuentras ninguna, también hazles saber eso. Es útil para los científicos saber dónde están las mariquitas y también dónde no están.

Carreras de cuidados

Hay muchas maneras de ayudar a los animales. Una de las mejores es ir a una escuela y prepararse para una carrera relacionada con el cuidado de animales. La mayoría de estas carreras requieren clases de biología y **zoología** en la universidad. Las siguientes carreras son solo algunas de las maneras en que puedes ayudar.

Los **veterinarios** son doctores de animales. Algunos veterinarios son expertos en ayudar a mascotas y animales domésticos. Otros se especializan en animales salvajes.

Los **guardaparques** cuidan las áreas salvajes de nuestra nación. Se aseguran de que los animales se encuentran a salvo y ayudan a proteger al medio ambiente de los animales.

Los **rehabilitadores de vida salvaje** cuidan a animales lastimados por un período corto de tiempo. Cuando el animal está listo, lo ayudan a adaptarse a la vida en estado salvaje.

¡ALTO! PIENSA...

- ¿Qué trabajo te resulta más interesante?

- ¿Qué carrera crees que es la mejor manera de ayudar a los animales?

- ¿Si estuvieras interesado en alguna de estas carreras, ¿cuáles son los pasos que puedes seguir para saber más al respecto?

Los **entrenadores de animales** les enseñan a comportarse y a obedecer órdenes.

Alza la voz

Los animales no pueden hablar por ellos mismos, así que nosotros debemos hablar por ellos. La gente debe hacer algo. Hay muchas maneras de ayudar, desde recaudar dinero para un refugio hasta mantener nuestro planeta a salvo para los animales. Todo hace la diferencia. Si trabajamos juntos, estas criaturas asombrosas compartirán nuestro mundo por muchos años más.

"Hagamos lo que es necesario hacer, con amor y compasión".
—Jane Goodall

Glosario

abandono: el estado de ser dejado de lado

abuso: daño o lesión

activistas: la gente que trabaja para producir un cambio, especialmente un cambio político

adoptados: estar bajo la responsabilidad de alguien

amenazados: cerca de estar en peligro de extinción

animales de servicio: animales entrenados para ayudar a la gente que tiene limitaciones físicas o mentales

animales trabajadores: animales entrenados para realizar trabajos que son difíciles de llevar a cabo por el hombre

biólogos: la gente que estudia Biología, un área de la ciencia que estudia los seres vivos

cautiverio: estar en un área sin poder salir de allí

caza furtiva: robar o matar animales de manera ilegal

compañía: alguien que se comporta como un amigo y le sirve a otro

conservacionista: protector de algo, por ejemplo el medio ambiente

contaminación: la acción o proceso de hacer que la tierra, el agua y el aire se ensucien o no sean seguros para usar

descuido: el estado de recibir poca atención

doméstico: adaptado a la vida con seres humanos

donar: dar sin remuneración

ecosistema: la comunidad de seres vivos en un lugar específico

en peligro de extinción: en peligro de desaparecer de la faz de la Tierra

entrenadores de animales: la gente que entrena animales para que se comporten de determinada manera y obedezcan órdenes

especies: una clase de seres vivos con rasgos similares

expresiones: maneras en que el rostro muestra sentimientos

extinguido: algo que ya no existe más en el mundo

fertilizante: desechos sólidos de animales de granja que se agregan al suelo para ayudar a que las plantas crezcan

gestos: movimientos del cuerpo (generalmente brazos o manos) que muestran ideas o sentimientos

guardaparques: gente a cargo del cuidado de las áreas de tierra salvaje

hábitats: lugares a los que los seres vivos pertenecen naturalmente

medio ambiente: un conjunto de factores completos que forman un ecosistema que incluye el suelo, el clima y los seres vivos

obra de caridad: un grupo que se forma para proporcionar ayuda y dinero a una causa determinada

rehabilitadores de vida salvaje: la gente que ayuda a curar a los animales enfermos o lastimados para que puedan regresar a su hábitat

TAC: ternura amorosa y cuidado

veterinarios: doctores de animales

voluntario: alguien que trabaja por propia voluntad sin recibir dinero a cambio

zoología: área de la biología que estudia los animales

Índice

Bibliografía

BishopRoby, Joshua. *The World of Animals.*
Teacher Created Materials, 2008.

Aprende cómo los científicos clasifican a los animales y qué es lo que hace la diferencia entre animales y seres humanos.

Hoare, Ben. *Eyewitness: Endangered Animals.*
DK Children, 2010.

Observa las criaturas en todo el mundo que actualmente se encuentran bajo amenaza de extinción y todas las formas en que podemos ayudarlas a sobrevivir.

Lessem, Don. *Dinosaurs to Dodos: An Encyclopedia of Extinct Animals.* **Scholastic, 1999.**

Investiga los animales extintos, qué los llevó a su extinción y los hallazgos científicos modernos que revelan sus mundos perdidos.

Palika, Liz and Miller, Katherine A. *Animals at Work (ASPCA Kids).* **Howell Book House, 2009.**

Descubre cómo los perros protegen al ganado, guían a la gente, tiran trineos y carros, y más. También lee acerca de los caballos que sirven en el ejército y en la aplicación de la ley, y los gatos que son terapia para enfermos y ancianos.

Steiger, Brad and Steiger, Sherry Hansen.
The Mysteries of Animal Intelligence: True Stories of Animals with Amazing Abilities. **Tor Books, 2007.**

Estas historias revelan la inteligencia, la valentía y las destrezas de los diferentes tipos de animales y cómo ellos han ayudado a los seres humanos.

Más para explorar

Association of Zoos & Aquariums

http://www.aza.org

Aquí podrás encontrar maneras de hacer que los niños y las familias puedan obtener más información y puedan involucrarse con la conservación de la vida salvaje.

Delta Society: Pet Partners

http://www.deltasociety.org

Descubre cómo funciona la terapia con mascotas. Encuentra entrenamiento en tu área si estás interesado en hacer participar a tu mascota.

Kids' Planet

http://www.kidsplanet.org

Este sitio web incluye muchas características interactivas, como juegos, un mapa del mundo, fichas de datos electrónicas de alrededor de 50 especies, información acerca de los lobos y más cosas interesantes.

National Wildlife Federation

http://www.nwf.org

Este sitio presenta varias causas para la preservación de la vida salvaje. Incluso hay una barra en la parte superior para niños.

World Wildlife Fund

http://www.worldwildlife.org

Investiga acerca de las diferentes especies en peligro de extinción y qué es lo que se está haciendo para protegerlas. En *What We Do*, haz un clic en *Protect Species*. También, puedes ver que es lo que tú, personalmente, puedes hacer para ayudar. En *How To Help* haz un clic en *Make It Personal*.

Acerca de la autora

Jessica Cohn creció en Michigan, donde fue voluntaria en la escuela y con las *Girl Scouts*. Tiene un título en Inglés y una maestría en Comunicación Escrita. Ha trabajado en publicaciones educativas durante más de una década como escritora y editora. Ha escrito artículos y libros sobre temas variados, incluso sobre animales. Está casada y tiene dos hijos. La familia está radicada en el estado de Nueva York, donde son amigos de todos los animales.